Eike M. Falk

Landfall I Skagen

Herstellung und Verlag:
BoD - Books on Demand, Norderstedt
ISBN 978-3-7460-2819-4

1.

Landfall I Skagen

fortællingen begynder ...

Nach Norden hin wird die Landschaft immer spärlicher, bis sie sich ganz auf das Notwendige beschränkt, auf Baum und Sand, den Baum, damit der Reisende eine Richtung erspürt, den Sand, damit er die Vergeblichkeit seiner Bemühungen erkennt.
Wohin der Reisende sich auch wenden mag, er wird sich am Wasser einfinden, am Meer.

Das Meer ist das Ziel
der Landfall
anzustreben
in umgekehrter Richtung

Das Meer, wo es die Küste berührt, trägt wundersame Namen:

Vigsø Bugt
Jammerbugten
Tannis Bugt
Ålbæk Bugt

Die Orte, die dem Land ihren Namen aufprägen, heißen:

Hjørring
Hirtshals

Hulsig
Skagen

Namen, die Bedeutungsvolles verheißen, die
ein Schicksal verkünden, die Geschichten zu
erzählen haben, die dich nicht enttäuschen
werden, das weißt du.
Dabei drängen sie sich nicht auf, hat sie
niemand je in den Vordergrund gedrängt.
Die Menschen, die in dieser Landschaft leben,
wissen sie zu bewahren, die um diese
Landschaft wissen, wissen sich zu bewahren.
Was nicht schwer fällt.
Die Eindrücke, die sie schildern, die auch ich
schildern werde, gießen kein Öl auf das
Getriebe der Welt.

Die braune Heide mit den scharfen Winden
Luftspiegelungen in gleißender Sonne
alles scheint sich zu verdoppeln

Wie das Licht sich doch auf dieses Stückchen
Erde ergießt
als ob ein Loch im Himmel wäre
und ringsum das Meer

Als Hans Christian Andersen die Gegend besuchte und seine Geschichte aus den Dünen schrieb, war es von Landseite aus fast unmöglich, auf jeden Fall aber ein Abenteuer ganz eigener Art, an den Ort Skagen heranzukommen, denn dazu galt es einen breiten Gürtel unberechenbarer Wanderdünen zu queren.

Die Dünen prägen bis heute das Bild dieses schmalen Streifens Land zwischen den Meeren.

Erst gegen Ende des 19. Jahrhunderts war es dem dänischen Staat möglich ein Aufforstungsprogramm in Auftrag zu gegeben um dem Drang des Sandes entgegenzustehen, eine Straße und eine Eisenbahnlinie zu bauen. Doch das Meer, das den Sand anspült, und der Wind, der den Sand zu Dünen anwirft, werden nie zu bändigen sein.

Die 120 Hektar große Råbjerg Mile wandert Jahr für Jahr von Westen, vom Skagerrak her, um 15 Meter weiter auf den Kattegat zu.

Die Råbjerg Mile ist ein fantastisches Gewühle
von knochenweißem Sand, das erodierte
Schluchten hinter sich bloßlegt, aus denen der
Sand herausgetrieben ist, um sich mit gierigen
Zungen auf das Land im Osten zu stürzen.

Wege, hier treffe ich auf Wege, die ich
gegangen bin, vor Jahrhunderten bereits,
die eingesunken waren in ihre Erinnerungen,
nun treten sie wieder aus der Erde hervor,
wie eine Kreuzotter schlängeln sie sich

im Septembermond

Wege

deren Schattenboden ich atme, die lasse ich
sprechen

werden

Ankunft. Der erste Tag.
Gleich an den Strand. Laufen. Atmen.
Dampfwolken ausblasen.
Die neue Art des Rauchens mit e-Zigarette
bleibt bis auf weiteres gewöhnungsbedürftig.

Die Leute fahren hier mit den Autos direkt auf
den Strand. Das werde ich ihnen nicht
nachmachen, auf gar keinen Fall.

Skiveren

Es ist kein Ort, kein gewachsener Ort, ein
Ferienort ist es.
Es gibt nichts weiter als einen großen
Campingplatz und Ferienhäuser.
Letztere sind nicht viele und liegen in den
Dünen verstreut, wo die Heide blüht, und die
Lärchen und die Kiefern schüchtern ihre
Stämme aneinander schubbern zur
Begrüßung.

Es ist Anfang September. Auf dem Campingplatz ist nicht mehr viel los, auch in den Ferienhäusern scheint kaum noch Leben vorhanden.
Ich kann von meinem Häuschen aus nur drei weitere in einiger Entfernung ausmachen, und nur in einem sehe ich ein Licht brennen.

Das Häuschen, in dem ich wohne, hat ein Grasdach. Das ist schön.
Das Häuschen, in dem ich wohne, hat eine Ostterrasse, auf der es sich wohl zu frühstücken lohnen wird, und eine Westterrasse, auf der ich mich von der späten Sonne verwöhnen lasse.
Das Häuschen, in dem ich wohne, gibt interessante Geräusche von sich, innen wie außen, ich weiß noch nicht, wer hier noch alles wohnt.
Ich vermute, dass sich jenseits der Nordterrasse eine Siedlung der Trolle verbirgt.

Auf jeden Fall gibt es Mücken. Viele. Viel zu viele aller Wahrscheinlichkeit nach.
Aber ich kann ja Dampf auspusten.

Gleich nach dem Abendessen spürte ich, wie mir die Augen schwer wurden, verquollen, dass mir die Nase lief.
Ich habe mich etwas hingelegt.
Das Einschlafen fiel mir schwer, dann kamen Gedanken, Träume.
Beim Erwachen ging es mir wieder gut.
Erstaunlich, wie schnell man sich doch erholen kann. Es war kaum eine Stunde vergangen.

Die Frau, in deren Haus ich zu Gast bin, scheint eine Verehrerin von Karen Blixen zu sein.
In den Regalen stehen ausnehmend viele Bücher, die von ihr, über sie geschrieben wurden.
Ich kann mit Karen Blixen nichts anfangen.
Was meiner aufkeimenden Sympathie keinen Abbruch tut.
Die Frau, in deren Haus ich zu Gast bin, scheint fromm zu sein. Ich finde einen Rosenkranz, in einem der Zimmer hängt ein schön geschnitztes Kreuz.
Die Frau, in deren Haus ich zu Gast bin, ich werde sie wohl nicht kennenlernen, doch ich fühle mich wohl aufgehoben bei ihr.

Auch wenn es keinen Eierkocher gibt. Ich habe nachgesehen, wegen morgen früh.
Ich bin empört und werde jetzt im Tranströmer lesen und den Abend damit ausklingen lassen.

Lektüre für zwei Wochen: der Tranströmer, Pessoa, Hesses Demian. Von Gregor Laschen die Jammerbugt-Notate, aus naheliegenden Gründen.
Die Bucht aber, an der Skiveren liegt, ist die Tannis Bugt.

Das Meer hat sich einiges abgegriffen vom Land, so sieht es aus. Steile Abbrüche, abgeknickte Bäume, ein Wald, den das Meer sich einholt.
Die Wellen, selbst an einem solch wetterruhigen Tag wie heute, sind hoch, bewegt, werfen weiße Schaumkronen.
Die Wassertemperatur aber ist erträglich, der Sand zauberhaft weich.

Am Himmel stehen Wolken, die es nicht eilig haben.
Sie betrachten die Gesichter im Sand, die auch mein Interesse wecken.
Fundlinge. So will ich sie nennen.
Weil sie mich, ich sie finde, kaum zu sagen, wer hier Entscheidungen fällt.
Es sind welche, Solche, die zu erzählen kamen.
Von der Insel Thule, der Telemark.
Übers Meer sind sie gekommen, Angespülte.
Grobe Gesichter, grob gehauen, fast dahingemetzelt, als ob der Bildhauer, der sie schuf, gleichzeitig Fleischhauer war.
Ein Ur-Schöpfer.
Denn sie leben, sind lebensvoll, brauchen nicht mehr als drei kantig geschwungene Striche an der richtigen Stelle - zum Sein.
Ich gehe und staune. Stehe und staune.
Es ist nur der Anfang dessen, was sein wird.
Was mit mir geschieht.

Kälte der Nacht
und dass zuletzt noch einer an die Tür pochte

habe auch
das Stapfen auf dem Dach gehört

gegen Morgen

die Milch war nicht gestockt

in den Spinnennetzen
sammelte sich der Tau
ein Sänger flog von Baum zu Baum

Strandbilder ging ich mir sammeln.
Kleine Muschelschiffchen, die kleine
Prinzessinnen spazieren fuhren.
Bis der böse Zauberer Schiefgesicht die große
rote Qualle Blubberfett aussandte, um sie in
seine Gewalt zu bringen.
Ich habe die Prinzessin kurzerhand befreit und
auf der Terrasse in die Sonne gesetzt.
Wir haben lækker Gulerodskage gegessen.
Der schmeckte wie Weihnachten.
Morgen werde ich die Prinzessin nach
Hirtshals fahren (über Hirtshals hat es heute
ein schreckliches Gewitter gegeben) und ihr

einen netten jungen Seemann suchen, dem ich sie anvertrauen kann, der sie zu ihrem Vater ins heimatliche Schloss zurückbegleiten wird. Damit beginnt für sie die Fortsetzung der ewigen Geschichte.

Ich bin raus aus der Sache.

Zum Prinzessinnentränentrocknen fühle ich mich entschieden zu alt mittlerweile.

Das Muschelschiffchen aber werde ich mir zum Andenken aufbewahren.

Die Prinzessin ist eingeschlafen (und träumt wohl von dem neuen Verehrer, den ich ihr versprochen habe).

Ich gehe eine dampfen und ein Bier aus dem Skagener Bryghus trinken.

Auf dem Etikett steht ein Name: Anna Ancher.

Mit diesem Namen verbindet sich eine wirklich interessante Geschichte.

Prinzessinnen sind zum Fürchten langweilig.

Ich schwör's.

Die Frau, in deren Haus ich wohne, ist nicht
nur fromm, sie hat auch etwas für Jazz übrig.
Charlie Parker, John Coltrane, Gerry Mulligan

My old flame / I can't even think of his name -
Billy Holiday

Blues for Miles
Blues in the night

Nein. Ich bin jetzt nicht für Musik zu haben.
Selbst für diese nicht -
die doch auch eher etwas für die
schmutzverkrusteten Städte ist -
hier ist ein anderes Leben
hier darf es still sein
soll die Heide schweigen

nicht wegen der Prinzessin
(die wäre durch keinen Trompetenstoß zu
wecken)
ich wollte doch -

Anna Ancher

also bitte -

es stehen auch zwei Bücher über sie im Regal.
Anna, die Wirtstochter,
Brøndums Zweitjüngste.
Brøndum, der das einzige Hotel in Skagen
führte.
Hotel - nun ja. Vier Zimmer.
Aber Hans Christian Andersen hat hier
gewohnt. Und dann kamen die Maler.
Weil Andersen die Sonne so sehr lobte,
und das Licht - hier
dieses Licht

ja, dieses Licht

Es gibt ein Bild von ihr, da ist der Mond so
gelb, und das Meer so grün -

und das Meer rauscht
wenn ich auf der Terrasse stehe
das Meer rauscht

ich schiebe das Buch zurück ins Regal
nehme meine Stifte, das Zeichenbuch

da warten so viele Gestalten auf mich, die traf
ich am Strand, nicht nur den Zauberer, die
Qualle und die Prinzessin mit ihrem
Schiffchen, da waren so viele mehr, da waren
die Strandläufer und die Möwen, da war ein
Zug schwarzer Vögel, die nach Norden flogen -

ein Reh, vorhin
als die Dämmerung aufzog
dann eine Kröte
da ist es schon dunkel gewesen
die saß direkt vor der Tür
wir haben etwas Anteil aneinander
genommen
nicht zu sehr

Ich bin heute fünf Stunden im Wasser
gewesen. Zuerst nur mit den Füßen, gelaufen,
dann auch so, bin ganz langsam
hineingegangen.
Es war nicht kalt. Quallen hat es gegeben,
große Quallen, blaue und rote, die taten aber
nichts, schlimm ist nur der Mückenstich am
Ohr.

Die Nacht hilft. Und das Bier. Die beide ganz ohne Vernunft und Glaube auskommen.
Also ist der Mensch glücklich.
Womit ich mich meine. Womit mir geholfen wäre.

Der Mond steht über der Heide - ein Hund bellt.
Heute Nachmittag, im Supermarkt, habe ich einen Aushang gesehen: ein Hund ist entlaufen.
Ob es dieser Hund ist, der nun den Mond anbellt?

Der Mond steht rund und schön.

Die Vollkommenheit ist nahezu vollendet.

Nein, Unsinn, ich sollte auch diese letzte Verhaltenheit über Bord werfen, alles Misstrauen, die unangebrachte Skepsis.

Warum sollte ich nicht zugeben, dass das Leben schön ist?
Wenn ich es heute nicht in vollen Zügen genieße, werde ich es morgen nur halbherzig verfluchen können.

Erzieherische Maßnahme.
Ich habe mir keine Leckereien neben das Bett gelegt.
Wenn denn - dann muss ich aufstehen, durch die Dunkelheit stolpern.
Ich habe es nur einmal getan. Mir eine Rumkugel von der Küchenzeile geangelt.
Das ist mir wohl zu mühselig gewesen, also habe ich es gelassen.
Na bitte - klappt doch.

Ist nur die Frage, was geschieht, wenn mich der Janker so richtig packt.
Ich werde den Kerl im Auge behalten.

Freuden des Morgens:
Aufzuwachen
sich im Bett herumzudrehen
nach draußen zu sehen
Gut!
Schön!
zu denken
das kann warten

Auf dem Weg zum Strand, drei Häuser weiter,
traf ich das Reh vom gestrigen Abend wieder,
ich bremste, setzte zurück, kein Zweifel, es
nagte an einem Kiefernschößling, sah auf, als
es mich erspähte, und guckte so.

Das Meer
breitschultrig
laut
aufschäumend

kein Zuckerschlecken

Der Himmel weiß
wo Norwegen liegt
wo er blaue Flecken aufzureißen hat
wo Licht zu verschütten ist
über den schottischen Highlands
die sind weit drüben überm Meer
oder draußen dort
wo der Frachter in den Kattegat einfährt
etwas Türkis ins Meer gießen
der Himmel weiß das alles
und ich denke mich hinterher

Der Mückenstich am Ohr juckt, ärgert mich
ich dampfe während ich gehe
denke während ich dampfe
nicht allzu viel

Stelle mich ans Meer
und warte auf jede einzelne Welle

Köpfe
Mulden
Planen
angeschwemmtes Ungemach

Es ist da
Es ist heute
Es ist neu
Alles da draußen

Das Meer ist laut

die schwarzen Vögel
sind furchtsam

Abends

---

ein Grashüpfer, der verloren ging
eine Kreuzspinne im Fensterrahmen
eine anhängliche Mücke
eine Motte, die vertrocknet zu Boden sank
Steine, Muscheln, Schneckengehäuse
eine Fliegenklatsche, die ich nicht in
Anwendung bringen werde
(lieber kratze ich mir die Ohren blutig)
ein Wald, der sich dunkel näher schiebt

ich liege gestrandet wie ein Klumpen Teer

das Meer höre ich rauschen
wie ich es nun jeden Abend hören werde
ein Gewitter zieht auf
die Heide liegt vollständig unbewegt
einladend vor dem Himmel
hier darf jeder rasten
der sich zwischen den Welten bewegt
zwischen den Zeiten
auch
das lässt sich spüren
was ich mich ahnen lasse

es sind freundliche Wesen
solche, die selbst dem Schmerz entfliehen

Ich stehe draußen vor der Tür und werfe
einen überlebensgroßen Schatten.
Das möchte ich nicht sein.
Ich bin gekommen um zuzuhören.

Innerhalb des Hauses gibt es ein Geräusch
dem ich besonders aufmerksam folge
es ist der Kühlschrank
der jammert ohne Ausrufezeichen
ich wühle im Korb mit den Steinen
finde mir einen Stein mit Auge und Mund
trinke einen Schluck Bier
die Tastatur tackt tackt tackt
Pause
blutgierig summt die Mücke heran
ein kleiner Anflug von Panik

aber

es gibt nur eine Vision der Sterne

in dieser Nacht
morgen schon
wird sich die Weltachse um ein weiteres
Raster verschoben haben

ich merkte nichts davon
es schläft sich fest und gut auf der Heide

Erwachen am frühen Morgen

es ist wie der Geschmack von Bernstein im
Mund
harzig würzig, und wie aus dem Ei gepellt

zwei Hirschkühe mit ihren Kälbern
ziehen mir durchs Fenster
sie lassen sich Zeit
ich lasse meinen Augen Zeit sich zu gewöhnen
richte mich ein wenig auf

Vier Hirsche auf dem Weg zu Karen Blixen

Ich versuche mich zu strecken
ohne laut zu lachen
was ich gerne täte
denn nun ist mein Blick auf das Bild an der
Wand gefallen
eine Fotografie von Karen Blixen
seitwärts auf einem Stuhl sitzend
eine knochige Alte

da sind die Hirsche weitergezogen

wie der Tag mich zieht
wohin?

An den Abgrund natürlich
(wohin sonst)

Lønstrup

Der Abgrund, das ist der Ort, wo die Kirche
von Mårup stand, die hat das Meer sich
geholt, nur der Kirchhof mit den Gräbern ist
geblieben. Kleine sandige Pfade führen
hindurch, von Strandflieder und Beifuß
bestanden. Darin eingebettet liegen die
Gräber.
Man hat entschieden auch sie, wie die Kirche,
den Weg in den Abgrund nehmen zu lassen.
Das ist klug und weise. Es wäre auf lange Sicht
ohnehin vergebens sich dagegen aufzulehnen.

Wie die Skispitze eines Skispringers über den
Bakken schiebt sich die Grasnarbe über den
Abgrund hin, während das Erdreich unter ihr
längst weggebrochen ist.

Gleich hinter dem Parkplatz beginnt ein
weiterer kleiner Pfad, der von der Kirche, die

es nicht mehr gibt, zum Leuchtturm, den es bald nicht mehr geben wird, führt.
Auf und ab geht es durch die Heide, die bald sandiger wird, dann gänzlich im Sand sich verliert.

Den Leuchtturm hat es gleich zweifach bös getroffen. Erst ist eine Düne über ihn hinweggezogen, nun wird er ins Meer abrutschen.

Eine Mondlandschaft ist das. Krater und schroffe Abbrüche.
Eine Landschaft auf Zeit, eine Landschaft am Abgrund, kurz vor dem Untergang, es ist für jedermann spürbar hier.

Eine seltsame Beklommenheit. Hier sieht sich der Mensch einer Kraft gegenüber, die er nicht beherrschen kann.

So will ich es hoffen und denke an das, was wir den Meeren bereits angetan haben.
Dem Planeten.

Heimatzerstörer sind wir. Ein Ungeziefer.
Kriechen in den Ruinen umher wie
Geistesgestörte.

Abends. Wieder Tierwelt. Mit Kröte und
Kreuzspinne, ich erwähnte sie bereits. Die
Kröte wohnt in der Ecke, wo die
zusammengeklappten Liegestühle stehen. Die
Kreuzspinne ist dick und fett. Sie wird noch
zulegen. Weil ich abends so lange aufbleibe,
vernascht sie die letzten Nachtfalter, die dem
Licht zustreben. Hat sie also eine strategisch
kluge Entscheidung getroffen. Für die Kröte
wird auch noch einiges abfallen.
Wir sind alle zusammen sehr zufrieden.

Was muss das für ein Sommer gewesen sein,
werde ich mich fragen, wenn ich später daran
zurückdenke.

Und wahrhaftig. Ein ganz besonderer war es.
Ist es noch.
Heute Nacht habe ich mir die Anfänge von
zwei Liebesgeschichten herbeigeträumt.
Das geht. Sich etwas herbeiträumen.
Ich habe die Geschichten in die Schatztruhe
gelegt.
In diesem Leben werde ich wohl keine
Liebesgeschichten mehr schreiben. Doch es
gilt das 'Man weiß ja nie'. Für solche Fälle ist
die Schatztruhe da.

Nach Skagen

Dünen und Heide so weit das Auge reicht.
Es ist wie ein Film, es ist wie eine Abfolge von
Fotografien, Bildern, Zeichnungen, die sich vor
meinen Augen abspulen, entfalten,
von Worten begleitet, Worten, die suchen,
suchend tasten, stolpernd sich ausprobieren,
ein wildes Durcheinander, und

doch ein Bild ergeben, ein Gemeinsames
ich sehe, sehe und spüre -

Melancholie
in die sich Erinnerungen mischen
was den Augenblick mit allem Erinnerten
verbindet
erlebtes und erspürtes Damals ins Heute
aufgenommen
eine Stimmung der Freude, der Überraschung
die mich trägt über die Heide
so fahre ich
nach Skagen hinauf

Skagengelb

leuchten die Häuser
lassen sich nicht drücken
von Stürmen nicht ducken
von Wind und Regen

Skagengelb ist ein Himmelaufsperrer. Da kann
es regnen wie es will.
Denn heute regnet es wie es will.

Doch Skagen leuchtet.
Gelb.

Es könnte genausogut rot leuchten, oder blau,
oder grün, wie anderswo im Norden.
Wo es auf das Leuchten ankommt, Farben,
grell. Das putzt die Kälte aus dem Magen und
die Schwermut aus den Knochen.
In Skagen ist es gelb. Skagengelb.

Skagen.
Wer Maler ist, schrieb Hans Christian
Andersen, der eile hierher. Hier gibt es Motive
für dich. Arbeit für den Pinsel. In dieser
dänischen Landschaft findest du die Wüsten
Afrikas, die aschebedeckten Hügel Pompejis,
die vogelbelebten Sandstrände der Ozeane.
Und die Maler kamen.

Es ist nichts weniger als das äußerste Thule,
schwärmte Karl Madsen seinem Malerfreund
Viggo Johansen vor.

Skagen ist schön.
Das wäre es auch, wenn die Maler nicht
gekommen wären.
Die Maler wären aber auch gekommen, wenn
Andersen es ihnen nicht so eindringlich
empfohlen hätte.
Weil die Maler kamen, wie sie kommen
mussten, gibt es nun viele schöne Museen
und viele schöne Cafés.
An den Fischgeruch kann man sich gewöhnen.
Skagen ist der größte Fischereihafen
Dänemarks.
Die Fischerei ist lange vor den Malern da
gewesen.
Also heißt es das Beste daraus machen und
Scholle essen gehen.
Rødspæette smørstegt.
Rødspæette, die Rotgesprenkelte, so heißt die
Scholle bei den Dänen.
Die Rotgesprenkelte in Butter geschwenkt.
Unten am Hafen, am Fiskehuskajen, schmeckt
sie besonders gut.

Skagen Museum. Licht in den Hallen.
Gesichter.
Solche, die sich bewegen, denen ich begegne,
solche, die gingen, die einmal waren,
denen ich gegenübertrete.
Da sind Fischer am Strand, bei den Booten, im
Ölzeug, im Troyer, die Pfeife im Mund.

Ich sehe Frauen und Kinder an der Bahre
stehen.
Der Vater, der Mann kehrte heim. Ertrunken.
Trauer sehe ich.

Licht.
Dessen Wesen es ist, Licht zu sein.

Licht.
Das sich von einer Sekunde auf die andere
wandeln kann.
Es braucht nur eine neue Wolke, dazwischen
ein Sonnenstrahl.
Schon ist die Landschaft eine andere, die
Stimmung, das Augenfühlen.

Meine Träume sind atemberaubend.
Das macht die Heide.
Meine Träume sind dermaßen
atemberaubend, dass ich davor
zurückschrecke.
Beim Erwachen bleibe ich noch eine Stunde
liegen und bewundere sie.
Dann wende ich mich von ihnen ab.
Weder verstehe ich sie zu deuten, noch
vermag ich sie in Worte zu fassen.

Regen.
Wie gut lernt man sich kennen, wenn man aus
dem Fenster starrt
und verfolgt, wie der Wind die Regentropfen
in die Länge zieht.

Die Planken der Veranda schwanken.
Der Seegang geht hoch.
Die Heide wie eine Unterwasserwelt.
Streckt ihre Arme nach den Ertrinkenden.

Aber
dann treibt der Wind die Wolken vor sich her
bis sie ins Laufen kommen

Grenen

Grenen, das heißt - der Zweig.
Ein Zweig, der wächst. Um neun Meter im
Jahr lassen die Meere, der Wind und der Sand
das Königreich wachsen.
Grenen, der Zweig. Wo sich die Liebespaare
küssen, weil es Glück bringen soll, wie unter
einem Mistelzweig. Sie tun es, obwohl es ganz
sicher einer der öffentlichsten Plätze
Dänemarks sein dürfte.
Selbst jetzt in der Nachsaison bewegt sich ein
ansehnlicher Pilgerzug entlang des Strandes.
Vom großen Parkplatz bei den Bunkern bis zur
Spitze ist es nicht weit.
Und doch fahren nicht wenige mit dem
Strandbus, dem Ormen.

Jede Viertelstunde etwa kommt einer
vorgefahren, und immer ist er voll besetzt.

Wir alle sind gekommen die Vereinigung der
Meere zu erleben.
Zwei Brandungen, die aufeinandertreffen.
Bei starkem Seegang eine gischtsprühende
Angelegenheit bis weit in die See hinaus.
In Ufernähe laufen sie sich recht vergnügt in
die Arme.
Wie die Liebespaare es tun.

Gleich nebenan findet sich eine kleine
Seehundkolonie. Vier Tiere sind es.
Weiß Gott, womit sie von der Stadtverwaltung
bestochen wurden, um dieser Nerverei Stand
zu halten. Denn natürlich sind sie nun die
begehrten Motive, nachdem die obligaten
ZweiMeereFotos geschossen sind. Alle stürzen
sich auf sie.
Ein Wohlmeinender hat eine halbkreisförmige
Grenzlinie durch den Sand gezogen.
Jedes Kind versteht es, nur die Omas, Dänisch
oder Deutsch, überbieten sich in
länderübergreifender Rücksichtslosigkeit.

Die Seehunde scheint auch das nicht zu
stören.
Ob sie wirklich echt sind? Ob ich einmal zu
ihnen hingehe um sie am Schwanz zu ziehen?

Ich lasse es und widme mich dem
Schiffsverkehr.
So also hat man sich eine Armada
vorzustellen, so ungefähr.
Es ist beeindruckend.

Ich muss an die dort draußen denken.
Sie werden schlafen, trinken, Wache gehen.
Ich habe mit vielen Seeleuten gesprochen.
Die Klarheit in ihren Augen, wenn sie
erzählen.

Råbjerg Mile

Im Sand
Im weißen Sand
Im weiten Sand

Da lassen sich Tangoschritte üben
Da lässt sich tanzen
Da will ich Bahnhofsdirektor sein
Will Tango tanzen
Im weiten Sand

Ohne Landkarte durch den Sand.
Die Fußspuren geben Richtungen vor, die
andere nahmen, die gestern hier gingen,
denen ich folge für eine Weile, bis ich stehen
bleibe, mir überlege, warum sie nun einen
Abhang hinunterführen und nicht dem Grat
weiter folgen, ich folge dem Grat hinüber auf
eine höhere Düne, lege eine neue Spur in den
Sand, füge der Landkarte einen neuen Weg
hinzu, eine neue gestrichelte Linie, meine
Gedanken, oben, mit dem Blick auf die beiden
Meere, die weite wellige Landschaft der
Dünen und Wälder, das Gefühl der Freiheit,
das mich betäubt.

Dachse soll es hier geben. Ich weiß zwar nicht, warum die ausgerechnet über den Sand traben sollen, maße mir aber nicht an die Launen der Dachse verstehen zu können.
Treffe auf Fußspuren die passen könnten.
Dann menschliche Fußstapfen.
In eine Stapfe hat der Dachs (ich bin mir nun sicher, dass es ein Dachs war) hineingekackt.
Hat ihm wohl der Geruch des Eindringlings nicht gefallen.
Auch eine Art von Humor. Dachshumor.

Außerdem Sandkröten (die kleinen Vettern von meiner auf der Westterrasse),
Sandschmetterlinge und Sandvögel
(ordentlich gelb, dazu fallen mir nur Pirole ein, aber gibt's die noch so weit im Norden?)

Dann noch einmal ans Wasser.
Ein Tag ohne Meer, das geht gar nicht.

Kandestederne

Durch die Dünen, sanft, ein Geschaukel, die
Straße besteht aus alten Betonplatten.
Vom Strand aus in der Abbruchkante deutlich
die dunkle Linie zu erkennen: Torf.
Dicke Brocken liegen verstreut. Ich schau sie
mir an. Es fühlt sich eher nach angekokeltem
Holz an. So gar alt kann die Schicht nicht sein,
sie liegt auch sehr weit oben.
Ob hier wohl auch einmal eine Sanddüne über
den Wald gekrochen kam, vor ein-
zweitausend Jahren?
Sturm zieht auf von Süden. Dunkle Wolken,
fast schwarz, mit Silberzungen darinnen.

Feststellung, dass die Strandläufer die
Mitleidsschiene fahren. Hüpfen auf einem
Bein herum, du denkst - ach, das arme Ding! -
da fahren sie das zweite Bein wieder aus,
schnattern wie doll, und fliegen davon. Es ist
der reinste Schabernack.

Der Tango lässt mich nicht los.
Was doch eigentlich nur eine Alberei war, auf
der Düne, knöcheltief im Sand.
Nun verfolgt mich der Tango in die Träume.
Der Tango gehört zu den windgekrümmten
Bäumen.
Das hat mir der Traum gesagt.
Und der Traum hat Recht.

Tuen

---

das ist ein kleiner Ort in der Nähe, mittendrin
im Nichts.
City. Hat ein Scherzbold hinter das Ortsschild
geschrieben.
Tuen City.
Das ist Tango.
Ganz unbedingt.

Ich stelle mir vor, die Leningrad Cowboys
würden hier ein Konzert geben.
Im forsamlingshus, das jede Gemeinde hier
hat.
Meist steht es abseits, in einer Waldsenke, am
Dünenrand.
Die Bauern würden ihre Ochsen mitbringen,
wilde Geschöpfe, dickpelzig, mit breiten
Stirnen, knuffigen Gesichtern, oder ihre
kleinen stämmigen Wikingerpferde mit den
dichten Mähnen, die ihnen die Augen
verhängen wie Hippies in Vollnarkose.
Ich brächte den kleinen roten Vogel mit, der
mir seit heute die Westterrasse streitig macht.

Der Traum lässt mich nicht los.

Wir würden Vermouth trinken, von der
billigsten Sorte, und Aquavit.
Wir würden Zigaretten rauchen, eine nach der
anderen.

Wir würden nur allerleisest gestikulieren.
Mit Stimmen, die sich in Abgründen verlieren.
Wir würden in Wehmut versinken.

Die versandete Kirche

Wer Andersen gelesen hat, weiß, wer hier
begraben liegt, unterm Kirchenschiff, das
nicht mehr ist. Nur der Turm schaut noch aus
der Düne hervor, die zum Stillstand kam,
bewachsen, bewaldet ist.

Weiter geht's. An den Strand natürlich.
Durch den Märchenwald. Über die stille
braune Heide.
Dünen werden bestiegen.
Die Höchsten, versteht sich. Auf dem Rückweg
wird die Kraft dazu fehlen. Erfahrungssache.
Auf der allerhöchsten aller Dünen lauerte ein
Schwarm mordgieriger Mücken, die sich nicht
mit den Wäldern begnügten.

Doch Mücken sind dumm.
Ich stürmte abwärts durch den Sand.

Der Strand verändert sich von Stunde zu
Stunde.
Nach einem Tag ist er gänzlich neu.
Weil nirgendwo das Land so sehr Land ist, wie
dort, wo es in Zweifel gezogen wird.
So geht es auch mit dem Leben.
Noch zuckt er blau, pulst der Seestern.
Klammert sich am feuchten Sand, schreit die
Möwe.
Schlingt sich Tang ihm in Ringen bei.
Legen sich als Urnenbestatter die Steine.
Morgen früh sitzen die Krebse im Kreis.
Kommen eingeflogen die Kormorane.

Es kommt vor, dass man nur noch steht und
staunt.
Dann fasst man sich an den Kopf.

Dann setzt man sich auf eine Sandkante, die das Meer aufgeworfen hat.
Dort sitzt man, bis man ein Wort gefunden hat.

Die Armada vor der Küste -
Fischtrawler sind es, die Fischereiflotte Dänemarks.
Sie liegen auf Reede, warten Aufträge ab, günstiges Wetter, günstige Zeichen.
Es steht nicht gut um die Fischerei.
Es steht nicht gut um das Leben in den Meeren, in den beiden Meeren, den unseren, gleich gar nicht.
Nur etwas über hundert Jahre ist es her, da man nur mal eben ein Netz auszuwerfen brauchte, um es binnen Minuten voller zappelnder Fischleiber zurückkehren zu lassen.
Ich habe die Berichte gelesen. Staunend.
Mit Schrecken und Erstarren.
Das ist alles vorbei.

Vieles ist vorbei
Alptraum und Geschichte
doch wir Menschen überbieten uns noch
immer
dann wieder
kehrt Ruhe ein
da werden keine Menschen verbrannt
keine Bücher
da tanzt man ums Feuer am Strand
freut sich des Sommers
der kommt

der kommt immer wieder

---

oh I love her hair
sang die Seeanemone

---

mehr fällt mir nicht ein nach 220tausend
Schritten über eine Wanderdüne, die Anfang
des 18. Jahrhunderts an der Nordseeküste
aufgebrochen war den Kattegat zu erreichen

sie ist so alt
so alt
so alt

sie hat ihr Ziel erreicht

---

mein Ziel ist der Himmel
das ist leicht

Am Kiosk eine große Waffel mit 3 Kugeln Eis.
Darüber gegossen fløde mit Erdbeerschaum.

Samstagnachmittag ist es geworden. Der
Einkauf erledigt, das Wochenende gesichert.
Heimfahrt. Wolkenaufzug.
Hochzeit in der Råbjerg Kirke mit
himmelblauem Hochzeitscadillac.
Der Chauffeur steht daneben, wartend vor der
Kirche.

Hoffentlich hat der Wagen ein Verdeck.
Schöner wäre es natürlich ohne.
Ich puste dem Paar die Wolken beiseite.
Wenn sie aus der Kirche kommen soll der
Himmel aufgemischt sein -

Ich bin erfolgreich gewesen. Die Wolken
zogen wieder ab nach Süden. Bis heute
Abend, sagen sie, dann kommen wir zurück
mit dem Regen. Der Deal soll mir recht sein.

Zur Belohnung spendiere ich mir ein
Bröckchen Odense Nougat zum Kaffee.
Gleich geht es in die Sauna -

Nebel.
Das ist der Herbst.
Nebel auf der Heide. Der Ansatz eines
Regenbogens.
Ein Pfeiler.
Licht.

ein neues
ein anderes
willkommen

Schwarz ist der Himmel
voller Sterne
und Morgenrot
das ist dort
wo ich das Meer rauschen höre

---

es ist ungeheuer laut heute Nacht
muss eine mörderische Brandung sein

Es kamen keine Träume über Nacht
es kam kein Regen
es traten die Rehe ans Fenster
mit Augen

Am Strand gelaufen, barfuß, in den Steinen.
Das Meer spült so viele Steine an,
Wagenladungen, ich wate in Geschichte, in
Weltenwandel, ich reibe mir die Fußsohlen
geschmeidig an Sternenfall und
Kometenzauber.

Regen.
Alles dunkel über dem Land, über dem Strand.
Das ganze Licht auf der Fähre nach
Kristiansand.
Und alles Blau was wir haben, alles Grün im
Meer.
Alles. Alles.

Dann kam der Regenbogen. Ein großes
Fenster.
Darüber das Dach. Das rundete sich nach allen
Seiten.
An den Rändern zipfelte es zur Hollandhaube
auf.

Die Wolken wurden zu weißen Gondeln und
segelten ins Weite.

In den Dünen Strandgut. Alte Koffer.
Bierdosen. Plastikeimer. Eine Flaschenpost.
Darin eine Geheimbotschaft, für die
Ritterburg hoch droben, ein Räubernest.

Botschaft überbracht. Rückzug. Regen.
Weiterhin Regen. Schwer werden die Schritte
im Sand. Die Windböen grau und spitz wie
Bleistiftminen.

Ich unterhalte mich mit der Nacherzählung
von Filminhalten, Nachrichten von vor 30
Jahren, Sturmfluten, Erdbeben,
Terroranschlägen, Kriegen. Die immer
gleichen Verlautbarungen, Opferzahlen.

Der rote Vogel auf der Terrasse singt vom
Leben auf der braunen Heide, von Wacholder
und Preiselbeere.
Von welcher Farbe ist die Heideblüte? Das
sollte mir einer erzählen, der Terroristen
Waffen verkauft. Er wüsste es, liest er doch
Hölderlin am Kamin, trinkt roten Wein wie ich,
lebt und liebt, der kleine Vogel singt sein Lied.

Alle Schwalben sind in der Luft.
Der Abend wird kalt.
Das Meer ist ungewöhnlich ruhig.
Die Schwalben sind aufgeregt.
Der große Flug steht an.
Herbst.
Es ist beschlossene Sache.
Unabänderlich.
Die Scheiben beginnen zu beschlagen.
Bald werden die Schmetterlinge schlafen.
Der Sommer geht verloren.
Die Bäume, die der letzte Sturm abknickte
sind gefällt, säuberlich am Wegrand abgelegt.

Die es verstehen kehren zurück aus den
Pilzen.
Körbe voll.

Ich muss nicht schreien
um gehört zu werden
ich weiß
die Verzweiflung ist groß in den Städten
der Lärm der Baumaschinen
es ist traurig
ich weiß
aber es ist doch alles gesagt
und wer nichts mehr zu sagen hatte
hat sich erschossen
oder sitzt in der Psychiatrie am Fenster
lauscht dem Lärm der Baumaschinen

die Preise sind hoch
ich weiß
wer kann sich noch eine Wohnung leisten
in den Städten -

Es ist traurig. Ich weiß.
Das Leben ist ein Puzzlespiel.
Ratlos drehst du dein Teilchen in der Hand.
Es setzt dort wieder an, wohin die
Strandläufer laufen.
Manchmal fliegen sie davon.

Der Sturm klappert mit allem, was er zu
fassen bekommt.
Es ist das Wesen von Stürmen, ihre
Bestimmung dem Vorhersehbaren Gestalt
und Stimme zu verleihen.

Nichts als Nacht
zwischen den Zeilen
zwischen diesen Zeilen
wache ich
wache und schweige
schweige mich leise
in die Nacht

Vom Kleinen Kenntnis zu nehmen
habe ich gelernt
und lerne noch daran
meine Finger zu bewegen
narbenreich
meinem Atem hinterherzuschweifen
wenn er aufsteigt zum Holz mir
Festigkeit verleiht

Mir scheint, als würden die Flechten sich
zusammenkrümmen auf der Heide.
Ich halte mein Gesicht in den Regen.
Der Tag verspricht uns nichts.

Nur die Kiefern halten ihr Grün beisammen.

Ich sitze im Haus.
Ich sitze am Tisch.
Der Regen prasselt aufs Dach, gegen die
Scheiben.

Und doch höre ich das Meer rauschen.
Das Meer rauscht in meinem Kopf.

Später: am Strand

---

zum Nichtsattsehenkönnen
zum Unendlichkeitslauf mit den Wellen
kämmen
die bauscht der Wind auf
weiße Strähnen
nach Norden

Anna Ancher: Solskin i den blå stue
Sonnenschein in der blauen Stube

viele Farben Blau
und gelb der Sonnenstrahl
im Haar der Tochter
die sitzt ganz ruhig auf ihrem Stuhl
und strickt

das Knäuel am Boden
wohin die Sonne blickt

Schmeichlerisch
über die Tischkante schielen
kommt die Sonne eingeflogen
wie ein Expresspaket

---

zum Abend rekeln sich die Kreuzottern
im Sand
treibt der Wind die Wolken
dem Meer entgegen
segeln ihre Schatten über die Dünen
hell dunkel hell spiegelt es sich
in meinen Augen
blinzele ich

---

fahre zur kleinen Kirche hinüber
besuche die Toten
hinter der flachen Steinmauer
liegen sie grasbesetzt im Sand

an einem Ort, an dem sich schlafen
träumen lässt
auch Jonni Schlüter, deutscher Matrose
vom Torpedoboot S 35
gestorben den 31.7.1916
dem Tag der Skagerrakschlacht
und ich frage mich, ob er der einzige
seiner Kameraden war
der es wenigstens noch
an Land schaffte

es wird wohl so sein

---

die Schwalben fliegen hoch
im Aufwind
über der Heide
schriller und schöner
könnten die Engel nicht fliegen
und wenn sie noch Jahrtausende
zum Üben bekämen

doch nach Jahrtausenden zählen wir nicht

Abend ist es geworden

Bleib doch hier
sagt das Land
aber ich kann mich nicht wiederholen

Der Kühlschrank stöhnt wie eine alte Frau
die sich nach einem Sack voll Äpfeln bückt

Aber ja -
das gibt es

Die Möwen
lassen sich auf keine Spielchen ein
die haben ihre Regeln einmal

festgelegt auf einem Kongress
da hieß es
dass man den Menschen nicht trauen kann
das steht fest

Habe der Kröte eine Nacktschnecke serviert,
die kroch durchs Haus.
Weiß aber nicht, ob Kröten Nacktschnecken
mögen.
Es wälzt und flattert sich überhaupt so einiges
hier herum.

Aber - was soll ich sagen -
ich bin doch nur auf Besuch hier -
und verstehe mich eher als Conférencier.

Und - wie immer im Traum - keine Sonne.
So habe ich es bei Tranströmer gelesen.
Und es stimmt.

Ich glaube aber, dass ich mich zu sehr auf die
Menschen konzentriere, die mir begegnen.
Ich will nicht sagen, dass es vernünftig ist,
aber es ist unausbleiblich, unausweichlich
schicksalshaft.

Mir träumte -
von einer Fahrt mit offenem Verdeck
von einem einsamen Strand
da kehrte auch der Tango wieder
die Sonne - nein
obwohl sie ganz sicher schien

Der Morgen hat den Schleier gelüftet.
Die Sonne scheint. Ganz unbedingt.
Ich werde nach Skagen fahren, einmal mehr.

Skagen

Skagengelb. Himmelblau. Die dänische Fahne
flattert, der Dannebrog.
Auf einer Bank in der Sonne sitzen, vor der
kleinen Fischerhütte im Kystmuseet.
Ein Ehepaar, 6 Kinder und der Großvater
haben in den 2 kleinen Räumen gewohnt.
Armut. Sie sieht heute anders aus und ist doch
die gleiche geblieben.
Das arme Haus stammt aus der schwarzen
Periode Skagens. Sie ging der gelben voraus.
Das Haus ist schwarz und aus Holz gebaut, wie
die Ferienhäuschen an Dänemarks Küsten es
sind, und sieht von außen ebenso gemütlich
auch.

Wenn die Sonne scheint ist alles anders.
Wenn keine Stürme toben, das Leben nicht
mit Tobsuchtsanfällen um sich schlägt.

Werden Gegensätze gerne genommen.
Dichter und ihre Gesellschaft.
Holger Drachmann, der gerne weit wallende
Mäntel und breitkrempige Hüte trug. Es hängt
noch wie zum Ausgehen bereit in seinem
Haus, alles was recht ist, gediegene Stoffe,
ich sollte es mir wohl überlegen,
nicht zuletzt des weit Wallenden wegen,
man wird ja nicht schlanker mit den Jahren -

Bis man zuletzt dann doch in sich
zusammenfällt.
Hunger, Krankheit, Armut.
Des Menschen Bedürftigkeit.

Von der Bedürftigkeit der Möwen in Skagen
lässt sich sagen, dass sie aussehen, wie Villon
am Wirtshaustisch. Etwas zerrupft aber
glückstrunken.
Es gibt Fisch.

Schnittstellen. Übergangscodes. Ein Lächeln
auf der Straße, im Geschäft. Alltäglichkeiten.
Ein LKW mit Hamburger Kennzeichen kommt
um die Ecke gebogen. Lagerhallen. Ein
Staplerfahrer, der Fisch verlädt, Kisten voll,
die Rampe entlang. Eine struppige Möwe am
Kai, die habe ich aufgeschreckt, sie scheißt mir
ihre Meinung, dann fliegt sie los, lustlos.

Der Himmel und der ganze Hafenkram, Netze,
Taue, Kräne. Der Himmel graut sich ein.
Aber groß ist er, immer. Ein Schinder auch,
der mich zum Nachdenken bringt.
Ein Frachter aus Nexø.
Wo war denn das bloß?
Bornholm, natürlich. Und schon muß ich an
Martin Andersen denken, den alten Trotzkopf.
Und an Pelle, den Eroberer. Aber ja.

Licht und Schatten und warum mich Häfen
immer traurig machen
Gehen und Bleiben

das Dazwischenliegende
ich hab es oft genug erfahren
das Fremdsein auch
die ganze verdammte Traurigkeit
Ja

Und eine Hafenkneipe, wo sie keinen Tango
spielen
könnten sie aber
es gibt Aquavit

Abends: Sternenklar

---

mag nichts mehr fragen
mag nicht denken
mag mich nicht rühren
wie die Kröte
an der Hauswand lehnen
Schattensein

dort sein
Augen schließen
atmen
Ruhe bewahren

es gibt keine Vernunft jenseits der
Morgenröte

---

die Überzeugung des Wachseins
wenn das Grün aufgeht
heißt es
Leerstellen im Kopf auffüllen
wo das Morbide saß
das nächtliche Dunkel
das schleicht sich fort
in die äußerste Zimmerecke

---

ein Kaffee
und das Licht existiert

Ein Wald voller Moos
und roter Pilze
die Bäume stehen schief und gebückt
doch riesenhaft in ihrer Hartnäckigkeit
lassen meine Füße tief
und tiefer sinken
bis ich den Wurzelmännchen
Auge zu Auge gegenüberstehe

Existiere ich
oder rühre ich nur wieder an meine Träume?

Die Schweigsamkeit der Heide
und der Dünentäler

hier beten die Blindschleichen
zu ihrem einäugigen Gott
es sammeln sich die Schwärme
in den Wolken
hochdroben

Blitze
und ein Regen
der niederfährt
wie ein Schafott

nur nicht am Lebensfaden rühren jetzt
mit keinem Hauch
mit keinem Fingerschnippen

denn das Meer
denn die Flut
die Krebse steigen an Land

Dann war es vorbei
dann hatte ich die Sanduhr umgedreht
die Augen geöffnet

die Möwen tafelten auf der Sandbank
wie das Gefolge Ludwigs des 14ten
der König war tot
alle Staatsmacht war an sie übergegangen

Wind und Wolken vereinten
das Land
wie leergefegt
die Menschen hatten
allen Grund verloren

so lautete die Botschaft
die ich fand
eingekerbt in einem Stück Mauer
sichtbar
wenn die Flut sich zurückzog
für Augenblicke
und gerade jetzt
leuchten die Sterne

Regen. Regen.
Und das Meer rauscht.
Und die Kiefern rauschen.
Die Gänse machen sich auf den Weg nach
Süden.
Auf der Heide steht ein Haus, in dem sammeln
sich die Geräusche.

Es ist die Herberge derer, die sich verloren
glauben, die vom Weg abgekommen sind, hier
sind sie willkommen.
Hier sitze ich, sitze am Tisch, verteile Wein
und Bier, Rosmarinkartoffeln und
Makrelenfilets, zeichne Landkarten denen, die
ohne Orientierung, gestalte Inseln, Länder,
Kontinente.
Am westlichen Horizont hat sich ein Streifen
Licht geöffnet wie ein Auge, die untergehende
Sonne, blauäugig wie ein sibirischer
Schlittenhund.
Seht ihr, sage ich, es ist noch nicht zu spät, die
Eilabschaltung konnte verhindert werden.

Die Nacht riecht nach abgestandenem Regen
einer Feuchte, die an den Knochen frisst

Wenn nun jemand aus der Dunkelheit
herausgetreten käme
- doch wer verirrt sich schon auf die Heide -

ich müsste ihn denn erfinden, den
entsprungenen Sträfling, es dürfte natürlich
kein gewöhnlicher Mörder sein, keiner, der
gleich das Messer zückt, es sollte einer sein,
mit dem sich eine Erzählung schmücken ließe,
ein Philosoph, einer, der an der Suche nach
Vollkommenheit zerbrach, mit dem ich Wein
und Aquavit teilen könnte um die Spur wieder
aufzunehmen, nur um kläglich zu scheitern
bei dem Versuch eine Nacht herumzubringen,
wieder einmal -

Septembermond. Septemberregen.
Don Quijotes Seufzer auf den Lippen.
Schwermut.
Wenn du dieses Glas leeren könntest
wenn du diesen Refrain noch einmal
versuchst -

Nebel, vertäute Erinnerung
schluck deine Sehnsucht, Seemann
schluck sie runter
trinke -

während es regnet über dem Hafen
regnet
während ich diesen Tango spiele
regnet
bis zum Ende aller Wege
du weißt es nur zu gut

Wenn der Wind dein Atmen wäre
ja, das wäre gut
doch der Wind pocht
pocht
wie Blut

Am Morgen
Sonne, Regen und ein Reh
alles gleichzeitig
dann
gingen Regen und Reh ihrer Wege

getrennt
nehme ich an

die Sonne blieb diesem Tag
gewogen und gewachsen
Herz, Glanz und Steinblendung

Skagen. Nordstrand.

Steine Steine Hühnergötter
magisches Strandwesen
ein Strand überfüllt
in Überfülle der Steine gebadet
meine Augen
gebadet
fühlen den Stein
wo jetzt nichts anderes ist
als fühlen und staunen
und wohin meine Augen sehen
ist Welt und Leben
und das endet nicht an dieser Linie
worüber die Schiffe gehen
der Horizont ist keine Grenze

der Horizont ist der Anfang
meines Denkens
ein blinder Fleck

Hier beginne

---

hier könnte alles neu entstehen
wenn du den Mut dazu findest

doch was bewirkt Mut allein
wenn es ein Vorher gibt
und ein Wohin

Denke!

Und schon sehe ich mich eingestrickt
in die Falschmünzerei
meines Lebens

Denke!

Und verstehe
dass dort kein blinder Fleck ist
dass dort Schuld verborgen liegt
Schmerz und Tod

Flucht!

Flucht in die Steine
wie ein Fuchs
der seine Schnauze in den Boden wühlt

Grenen

Sturm und Unwetter der letzten Tage haben
nicht viel Sand übrig gelassen, und doch bleibt
es unberührbar dieser Punkt, wo die beiden
Brandungen ineinanderfließen, sich
übergießen.

Trotz aller Beengtheit ist einer der Seehunde
an seinem Platz geblieben.
Er scheint es mit Wohlbehagen auf sich
wirken zu lassen.
Er scheint verrückt zu sein.
Noch verrückter als ich mich fühle.

Habe ich etwas anderes erwartet?
Habe ich überhaupt etwas erwartet?
Hat es mich nicht überraschend getroffen?
Betäubt.

Strand Strand
Sand und Steine
Möwenflug
die Möwen sind leise
sie rufen nicht
ich rufe nicht
rufe keine Hühnergötter an
nicht Thor
ermahne mich nicht
es hätte keinen Sinn

Bier hat Sinn
und Aquavit
und ein Leben zu leben
das hat sehr viel Sinn

ich werde schlafen
den Nachmittag verschlafen
bis die Abendlichter kommen
das nördliche Leuchten
das Flackern
das Augenbetäuben

Betäuben
bis nichts mehr bleibt
als -

das Leuchten das Leuchten
ringsum das Leuchten
oben sternenklar
ganz oben der Polarstern
unverrückbar -

ob es Menschen gibt
deren Leben ebenso unverrückbar steht
und bleibt
und bliebe -

beneidenswert

ich weiß es nicht -
ich weiß nichts

Das Nordlicht hat sich an die Ränder gezogen.
Nun ist das Band der Milchstraße zu sehen.
Ich weiß gar nicht mehr, wann ich es das
letzte Mal sah, und wo -
bin ich in dem

Ich könnte mit mir feilschen wie ein
Muschelhändler, der ich auch bin, betrachte
ich die Muschelschalen meiner Strände.
Ein weiterer ist heute dazugekommen:
Gammel Skagen. Alt Skagen. Ganz in
Skagengelb getunkt, doch die Straßen
vollständig menschenleer als ich den

schnurgeraden Højensvej zum Strand hinunterfuhr. Selbst der Kiosk am Sonnenuntergangsplatz hatte geschlossen. Ein Eis hatte ich dort essen wollen, damit war es nichts, doch immerhin einem weiteren Menschen begegnete ich, einem Mann, der seinen Hund spazieren führte. So nahm ich Platz auf einer Bank und sah zum Meer hinaus, zum Sonnenuntergang war es noch zu früh, doch da waren die barschen Wellen, die den Strand, die steinernen Buhnen bestürmten, ich hätte stundenlang hier sitzen können, tat es wohl auch -

---

Die Saison ist vorüber. Alt Skagen ist der Urlaubsort der reichen Dänen, die sich hier ein Häuschen leisten können. Sie sind in die Städte zurückgekehrt, nach Aarhus, nach Kopenhagen. Hier ist niemand mehr.
Die Melancholie ist vollkommen.
Der Strand ist leer.

Es ist Herbst. Und mir bleibt nur ein weiterer
Tag noch vor der Abreise. Doch auch an
diesem Tag, auch morgen werden die Wolken
wandern. Wird Licht sein. Licht -

wie die Sterne leuchten
ich wandere die Milchstraße auf und ab
lese die Zeit
wie etwas Aufgeschriebenes, eine Notiz
ein Blatt mit wenigen Zeichen
hier war ich
hier wollte ich
hier konnte ich mich vergessen haben

Hätte mich ablegen können
in der Heide
am Strand
ein verblichenes
abgewettertes Stück Holz

So wollte ich mein Leben beenden
einsam
schweigend
und ergeben

ein einfacher Rastort
den Vögeln

Wenn noch etwas in der Sonne
zerlaufen könnte
einige Erinnerungen
die Schneekönigin

Wellenspieltag.
Weltenspiegeltag.
Wellen fallen ein, stark und bedächtig.
Wir spielen: fang mich - fang dich
Wir spielen: schau - von daher komme ich
von Grund auf
steige ich
umspüle deine Füße

Eisberg war ich
Wolke
schau!
eine solche
ein Turm

ein Kristall
ein Feuerbohrer
von den Rändern der Erde
vom Ende der Welt

Heimkehr: Kaffee, eine Käsestulle.
Später verschmier ich mir das Mundwerk mit
Flødeboller. Flødeboller med orange smag.
Vernaschte Momente verführerischen
Daseins.

Die Geschichte beginnt an einem
spätsommerlichen Herbstmorgen.
„Lil!", hör ich es rufen, „Zieh wieder Schuh
und Strümpfe an!"
Verwundert schaue ich mich um. Ich bin der
einzige Wanderer am Strand.
Hell und klar steht die Sonne am Himmel,
doch ein eisiger Wind fährt über den Sand,
das Meer hat nicht mehr als vierzehn Grad.
Wer wird denn so unvernünftig sein, denke
ich -

Die Geschichte, deren Anfang wir hier lesen,
wir könnten sie Jens Peter Jacobsen in die
Schuhe schieben, wird natürlich schlecht
ausgehen für die kleine Lil.

Für mich endete sie mit einer Erkältung.

Rückfahrt

Deutschland, wie könnte es anders sein,
empfing mich grau und griesgrämig.
Ich will allerdings gerechtigkeitshalber
einräumen, dass es sich bereits nördlich von
Aarhus, etwa auf der Höhe von Randers,
einzugrauen begann.

Zum Abschied fish 'n' chips am Rastplatz
Ustrup Vest, kurz vor der Grenze.
Etwas wie ein Reliquiar.
Innerlich verarbeitet.

Mitbringsel, wie gehabt:
Aquavit und Kümmelkäse.

2ter bis 16ter September 2017

2.

Galerie

Tannisbugt 1

Tannisbugt 2

Ausblicke 1

Ausblicke 2

Fundlinge

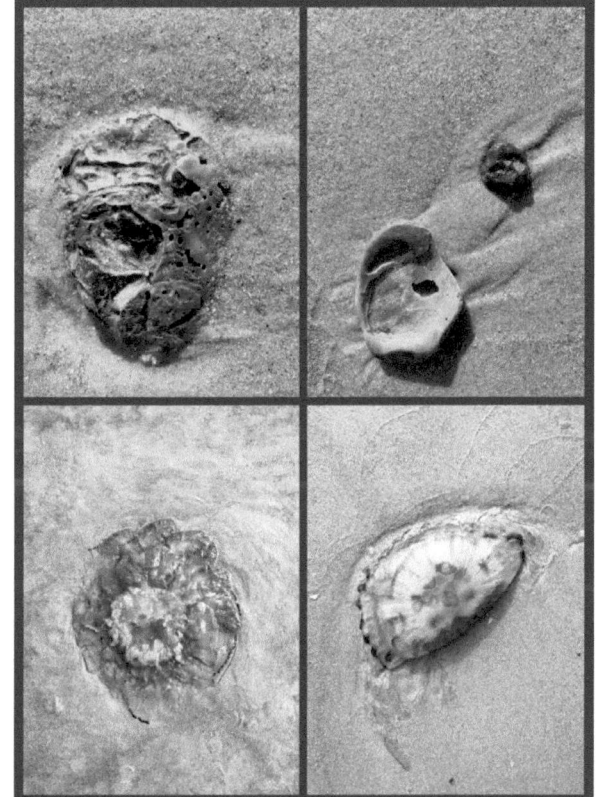

Mapping

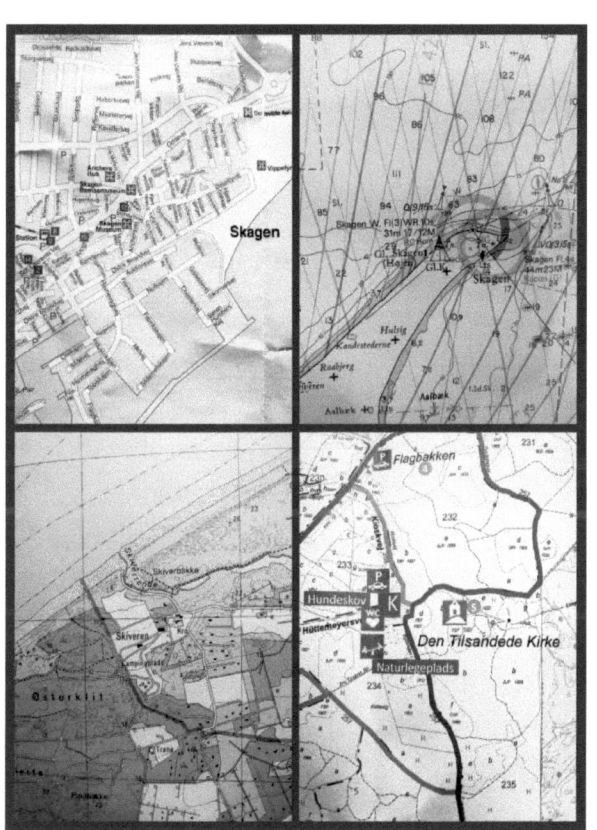

Sandsichtig 1

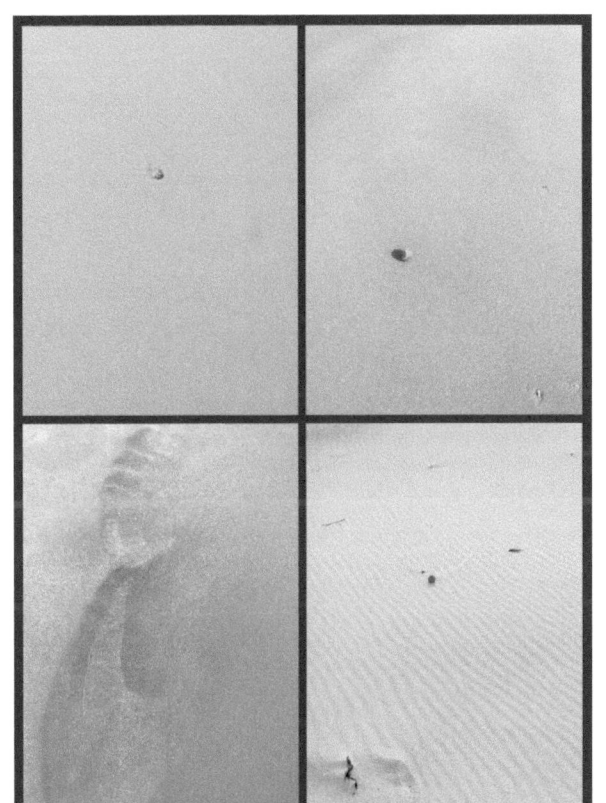

Sandsichtig 2

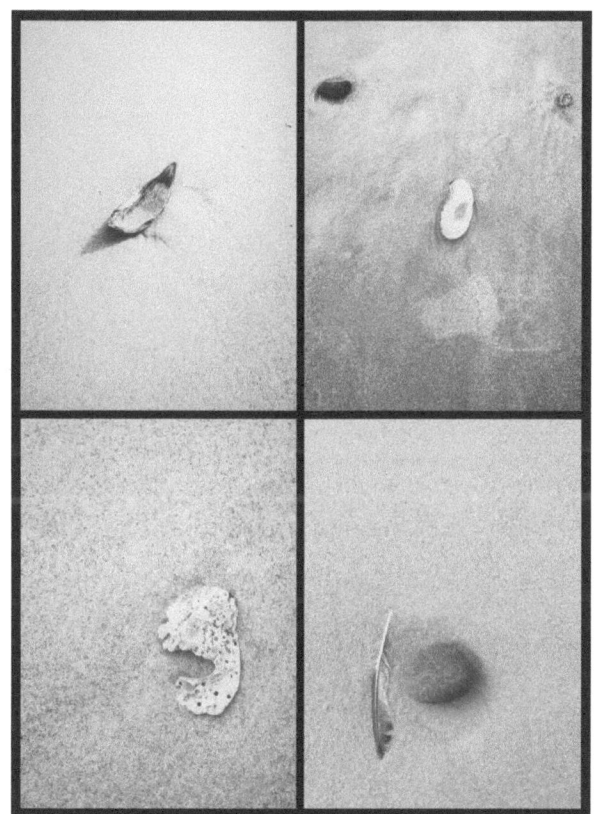

Sandsichtig 3

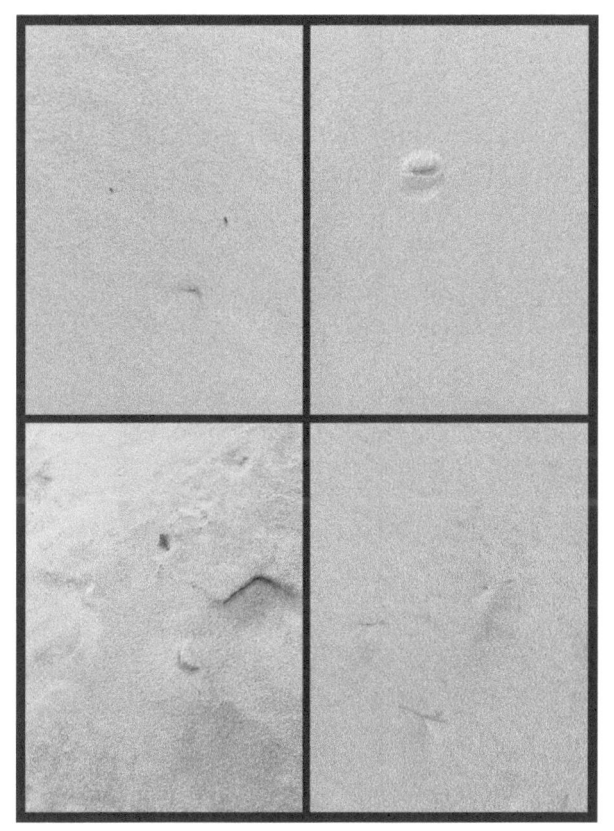

Lønstrup 1

Lønstrup 2

Aufschau

Skagen 1

Skagen 2

Ålbæk Bugt

Zeichensetzung

Råbjerg kirke

In den Pilzen

Flaschenpost

Versandungen 1

Versandungen 2

Grenen

Gesichte 1

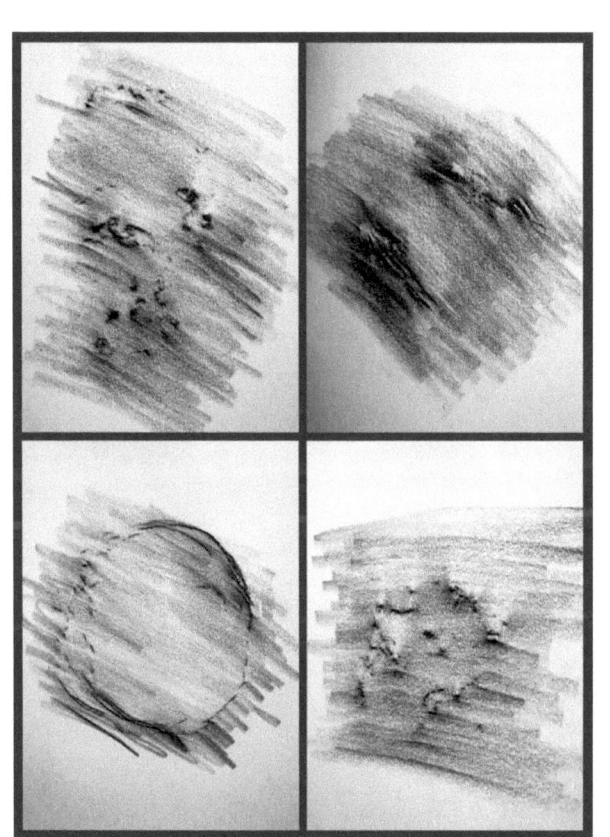

Gesichte 2

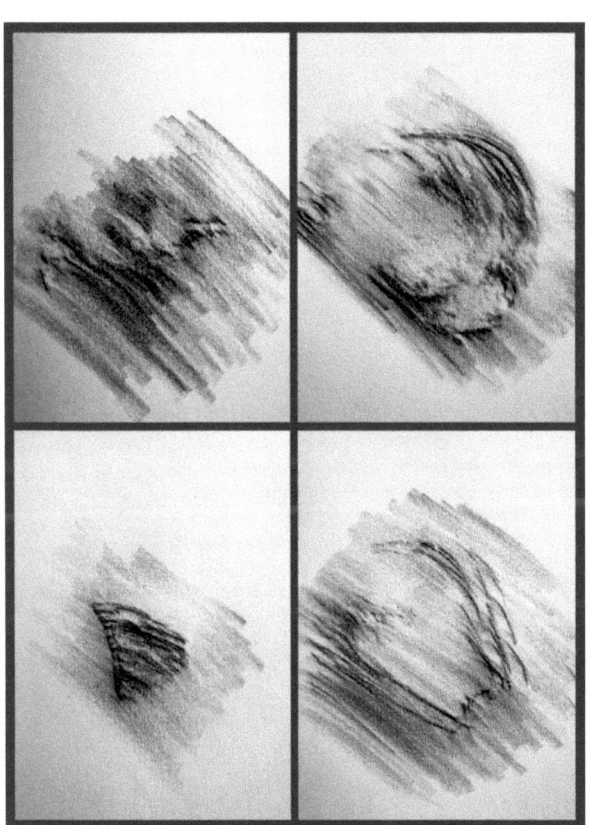